CHRISTL MÜLLERS KÄTZCHEN

Marta Koči - Hermann Haslinger

EDITION NEUGEBAUER
IM HERMANN SCHROEDEL VERLAG

Weit draußen auf dem Land,
versteckt im tiefen Schnee,
steht Christl Müllers Haus.
Sie wohnt dort nicht allein,
mit ihr wohnen Katz und Schwein,
ein Huhn und manche Maus.

Christl ruft das Kätzchen:
„Kätzchen Schnurr, Kätzchen Schnurr,
das Frühstück steht auf dem Tisch!"
Sie löffelt ihren Brei,
das Kätzchen schleckt am Rand,
so frühstücken die zwei!

Der Weg zur Scheune ist verschneit,
denn in der Nacht
fielen tausend Flocken.
Der Besen steckt im Schnee,
Schi und Schlitten sind verschüttet.
Die kleine Christl schaufelt alles wieder frei.
Das Schwein will gefüttert werden,
und da wartet noch das Holz.

„Ich muß dann gleich zur Schule",
sagt Christl zu dem Kätzchen. „Lauf nicht davon, du kleiner Kater!"

Sie hackt das Holz ganz klein und füttert dann das Schwein.

Sie saust den steilen Hang hinab.
Hui... so schnell ging es noch nie!
Das Kätzchen Schnurr
bleibt allein zurück.

Das Kätzchen ist allein,
es friert und findet
nicht mehr heim.
Doch liegt dort nicht viel Holz?
Das muß die Scheune sein.
Und brennt dort nicht ein Licht,
ganz wie zu Haus? O nein!
Es ist ein Feuer,
an dem sich Waldarbeiter wärmen.
Und hinter dem zersägten Baum
knurren zwei Hunde.

„Krawau, Krrr, Krawau!"

Die Hunde hetzen Schnurr durch
Wald und Feld. „Miau!"
Das Kätzchen springt auf einen hohen
Baum und hält sich zitternd fest.

Die Hunde sind jetzt fort,
doch Schnurr kann ihre Zähne,
ihre roten Zungen nicht vergessen.
Fast hätten sie ihn aufgefressen!
O Schreck, was ist das für ein dunkler Schatten?
Die Eule! Schnell hier weg!

Christl ist inzwischen
längst nach Haus gekommen.
Sie sucht den Kater Schnurr überall.
„Mein Schnurr, mein Schnurr, wo bist du hin?
Sag, wo versteckst du dich?"
Sie sucht im Speicher und im Keller,
auf dem Tisch steht noch sein Teller,
von Schnurr fehlt jede Spur.
Christl weint!

Und Schnurr?
Ganz allein läuft er durch den Schnee
und ahnt nichts von Christls Kummer.
Die Angst gaukelt ihm Bilder vor.

Ist da nicht ein großer Bär mit Tigerzähnen,
der ihn fressen will?

Kalt wird es und dunkel.
Schon kommt die Nacht.
Dem Katerchen tun die Pfoten so weh.
Die große Angst und der tiefe Schnee
haben Schnurr sehr müde gemacht.
Christl sucht schon so lange.
Sie ruft und lockt.
Es ist so kalt, daß ihre Tränen frieren.
Sie will schon fast den Mut verlieren.
Doch plötzlich – da!
„Schnurr!" ruft sie,
„Schnurr, da bist du ja!"

Weit draußen auf dem Land,
in Christl Müllers Haus,
da halten dann die beiden
noch einen Festtagsschmaus.

Und erst als Schnurr ganz satt ist,
schläft Christl mit ihm ein.
Sie wohnt dort mit dem Kater,
der Henne und dem Schwein.

© 1978 Hermann Schroedel Verlag AG, Basel.
Alle Rechte, auch die der auszugsweisen Vervielfältigung, gleich
durch welche Medien, vorbehalten.
Dieser Titel erscheint in der Edition Neugebauer
bei der Hermann Schroedel Verlag AG, Basel.

ISBN 3 507-95096-0